BEI GRIN MACHT SICH II
WISSEN BEZAHLT

- Wir veröffentlichen Ihre Hausarbeit,
  Bachelor- und Masterarbeit

- Ihr eigenes eBook und Buch -
  weltweit in allen wichtigen Shops

- Verdienen Sie an jedem Verkauf

Jetzt bei www.GRIN.com hochladen
und kostenlos publizieren

Alexander Schaaf

Neuheiten und Trends der Internationalen Funkausstellung 2009

GRIN Verlag

Bibliografische Information der Deutschen Nationalbibliothek:

Die Deutsche Bibliothek verzeichnet diese Publikation in der Deutschen National-
bibliografie; detaillierte bibliografische Daten sind im Internet über http://dnb.d-
nb.de/ abrufbar.

Impressum:

Copyright © 2009 GRIN Verlag GmbH
Druck und Bindung: Books on Demand GmbH, Norderstedt Germany
ISBN: 978-3-656-31476-9

Dieses Buch bei GRIN:

http://www.grin.com/de/e-book/200298/neuheiten-und-trends-der-internationalen-
funkausstellung-2009

GRIN - Your knowledge has value

Der GRIN Verlag publiziert seit 1998 wissenschaftliche Arbeiten von Studenten, Hochschullehrern und anderen Akademikern als eBook und gedrucktes Buch. Die Verlagswebsite www.grin.com ist die ideale Plattform zur Veröffentlichung von Hausarbeiten, Abschlussarbeiten, wissenschaftlichen Aufsätzen, Dissertationen und Fachbüchern.

Besuchen Sie uns im Internet:

http://www.grin.com/

http://www.facebook.com/grincom

http://www.twitter.com/grin_com

FOM Fachhochschule für Ökonomie & Management
Frankfurt am Main

Berufsbegleitender Studiengang zum

Bachelor of Science - Wirtschaftsinformatik

3. Semester, Wintersemester 2009 / 2010

Seminararbeit (IT-Infrastruktur)

Internationale Funkausstellung 2009

Neuheiten und Trends

Alexander Schaaf

Rödermark, 20. Dezember 2009

Inhaltsverzeichnis

Abkürzungsverzeichnis

3D	Drei Dimensional
ARD	Arbeitsgemeinschaft der öffentlich-rechtlichen Rundfunkanstalten der Bundesrepublik Deutschland
AV	Audio Video
CCFL	Cold Cathode Fluorescent Lamp (Kaltkathodenröhre)
CD	Compact Disc
CeBIT	Centrum für Büroautomation, Informationstechnologie und Telekommunikation
CES	Consumer Electronics Show
CEO	Chief Executive Officer
CPU	Central Processing Unit (Hauptprozessor)
CULV	Consumer Ultra Low Voltage
DVB	Digital Video Broadcasting
EU	Europäische Union
GFU	Gesellschaft für Unterhaltungs- und Kommunikationselektronik
GPS	Global Positioning System
IFA	Internationale Funkausstellung
IT	Informationstechnik
HD	High Definition
HDTV	High Definition Television
Hi-Fi	High Fidelity
LCD	Liquid Crystal Display (Flüssigkristallbildschirm)
LED	Light Emitting Diode (anorganische Leuchtdiode)
NAS	Network Attached Storage

OLED	Organic Light Emitting Diode (organische Leuchtdiode)
TV	Television
PC	Personal Computer
UPnP	Universal Plug and Play
ZDF	Zweites Deutsches Fernsehen
ZVEI	Zentralverband Elektrotechnik- und Elektroindustrie

Abbildungsverzeichnis

1 Einleitung

Die 49. Internationale Funkausstellung (IFA) 2009 mit dem Untertitel „Consumer Electronics Unlimited" fand vom 04.09.2009 bis 09.09.2009 in Berlin unter dem Funkturm statt. Die IFA ist eine der weltweit größten Messen für Unterhaltungselektronik, Informations- und Kommunikationstechnik. Seit 2008 werden auf der IFA auch Haushaltsgeräte vorgestellt. Die IFA bietet damit ein einzigartiges Konzept auf dem Markt. Sie ist eine der ältesten Industriemessen in Deutschland und wurde 1924 zum ersten Mal ausgerichtet. Seit 2005 findet die Messe jährlich statt und hat inzwischen einen festen Platz in der schrumpfenden Messelandschaft.

Die IFA ist die wichtigste Ordermesse vor dem Weihnachtsgeschäft für die Industrie, die Händler und Einkäufer. Die tägliche Berichterstattung in den verschiedenen Medien weltweit macht die Messe zu einer idealen Plattform für Informations- und Werbebotschaften der Industrie, um ihre Produkte und Entwicklungen einem breiten Publikum zu präsentieren. In der Unterhaltungselektronik-Branche steht die Mediennutzung unterwegs und zu Hause im Mittelpunkt. In der Haushaltsgeräte-Branche sind Komfort, Design und Lifestyle im Focus.

Die jährlich im Januar ausgerichtete Consumer Electronics Show (CES) in Las Vegas, Nevada ist eine der Messen, die in direkter Konkurrenz zur IFA stehen. Die CES wird seit 1967 veranstaltet. Sie ist hauptsächlich auf Unterhaltungselektronik ausgerichtet, die Informations- und Kommunikationstechnik ist nur spärlich vertreten. Haushaltsgeräte werden auf der CES nicht ausgestellt.

2 Fakten zur IFA

Wie wichtig die IFA mittlerweile für die Industrie ist, zeigt der Besuch und die Vorträge von Sonys Chief Executive Officer (CEO), Sir Howard Stinger und des LG-Topmanagements aus Korea. Auch die Politik ist auf der IFA vertreten. Bundeskanzlerin Angela Merkel auf der Eröffnungsgala zur IFA: „Die IFA ist – und das ist sie seit 85 Jahren – ein Symbol und Synonym für Innovation."[1]

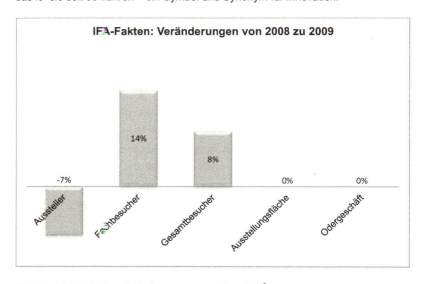

Abbildung 1: IFA-Fakten: Veränderungen von 2008 zu 2009[2]

Die Messeleitung sowie die Aussteller waren insgesamt mit der IFA 2009 zufrieden. Die Veränderungen von 2008 zu 2009 sind in Abbildung 1 dargestellt. Während sich die Zahl der Aussteller von 1.245 in 2008 auf 1.164 in 2009 reduzierte, stieg die Zahl der Fachbesucher von 114.100 auf 119.000. Von den Fachbesuchern waren 25.500 aus dem Ausland und 6.200 Medienvertreter aus 78 Ländern. Die Messeleitung zeigte sich erfreut darüber, dass die Gesamtbesucherzahl von 220.780 auf 228.600 stieg. Die Messeleitung peilt langfristig das Ziel von 500.000 Besuchern an. Der Rekord von 515.752 Besuchern wurde 1991 erreicht. Seit dem fällt die Besucherzahl jährlich und stieg erst in diesem Jahr wieder an. Die

---

[1] Focus (2009): Merkel will Breitband für alle, o.S.
[2] Eigene Darstellung in Anlehnung an: Medienhandbuch (2009): IFA 2009 zieht trotz Krise sehr positives Fazit, o.S.

Ausstellungsfläche blieb, dank der Vergrößerung der Haushaltsgerätehersteller um 3.000 Quadratmeter bzw. von 4 auf 7 Hallen, auf dem Rekordwert von 121.000 Quadratmeter vom Vorjahr. Die Aussteller freuten sich über ein stabiles Ordergeschäft, welches das Rekordniveau der IFA 2008 leicht übertraf. Es betrug insgesamt über alle Branchen mehr als 3 Milliarden Euro.[3]

Die Gesamtbilanz der IFA liest sich anhand der Zahlen positiv. Wie Messe-Geschäftsführer Christian Göke in einem Interview nach der IFA sagte: „Das war angesichts der wirtschaftlichen Rahmenbedingungen lange nicht vorstellbar."[4]

---

[3] Vgl. Big Screen (2009): IFA 2009 - Besucherzuwachs und Ordervolumen auf Rekordniveau; gfu (2009): Rückblick 2009; Medienhandbuch (2009): IFA 2009 zieht trotz Krise sehr positives Fazit, o.S.
[4] Frankfurter Allgemeine Zeitung (2009): Zwischen High-Tech-Glanz und Medien-Glamour, o.S.

3   Trends auf der IFA

Der Haupttrend, in allen Branchen, waren auf der IFA 2009 umweltfreundlichere Geräte. Die Hersteller bezeichnen sie werbewirksam als „grüne Geräte". Diese verbrauchen, gegenüber ihrer Vorgängergeneration, weniger Energie und erfüllen die EU Verordnung 1275/2008, die im Januar 2010 in Kraft tritt. Durch diese Verordnung begrenzt die EU-Kommission die Leistungsaufnahme von Haushalts- und Bürogeräten, die im Wohnbereich eingesetzt werden, für die Zustände Aus und Bereitschaft. Geräte für gewerbliche Nutzer sind davon nicht betroffen. Für diese ist eine separate Regelung in Planung.

Für den Betriebszustand Aus, in dem ein Gerät keine Funktionen bereitstellt, wird vorgeschrieben, dass die Leistungsaufnahme nicht mehr als 1 Watt pro Stunde überschreiten darf. Beim Bereitschaftszustand, in dem Geräte eine Reaktivierungsfunktion bereitstellen, wird zwischen Geräten mit und ohne Status- oder Informationsanzeige unterschieden. Geräte ohne Anzeige dürfen höchstens 1 Watt pro Stunde verbrauchen. Mit Statusanzeige, z.B. einer LED oder eine Uhr, dürfen höchstens 2 Watt verbraucht werden. Ab Januar 2014 müssen diese Werte laut der EU-Verordnung um 50% gesenkt werden.[5]

Die Hersteller verwenden bei der Produktion der neuen Geräte leichtere und umweltfreundlichere Materialien. Diese sparen Gewicht und lassen sich umweltschonender verarbeiten, sowie leichter recyceln und entsorgen. Ebenso der Verzicht auf Umweltgifte, wie z.B. Quecksilber oder Blei, wird von den Herstellern beworben, um sich von der Konkurrenz abzusetzen und den Kunden anzusprechen.

Weiterer großer Trend ist die Vernetzung von Geräten über alle Sparten hinweg. Z.B. meldet sich die Waschmaschine auf einem Display im Wohnbereich mit einer Nachricht, wenn die Wäsche fertig ist zum Aufhängen oder der Kühlschrank stellt über eine Webcam Bilder des Inhaltes bereit.

---

[5] Vgl. VERORDNUNG (EG) Nr. 1275/2008 DER KOMMISSION (2008), S. 339/50

3.1 Trends in der IT

3.1.1 IT-Hardware

Der Informationstechnik-Sektor (IT-Sektor) ist traditionell nicht so stark vertreten auf der IFA. Die Produzenten stellen ihre Geräte lieber auf spezielleren IT-Messen aus, wie z.b. der CeBIT. Nichts desto trotz finden sich Produktneuheiten auf der IFA.

Durch den großen Boom der Netbooks, kleinen und günstigen, aber auch leistungsschwächeren Mobil-PCs, wurden in diesem Segment viele Neuerscheinungen präsentiert. So können die Netbooks durch einen neuen Chipsatz von Nvidia Filme in High Definition (HD) ohne ruckeln abspielen. Dieser Chipsatz, von Nvidia ION genannt, beinhaltet für das Netbook-Segment eine moderne Grafikkarte, die GeForce 9400M. Diese entlastet den Intel Atom Hauptprozessor (CPU) beim Abspielen von HD Filmen mit der von Nvidia entwickelten Purevideo-HD-Technik. Die integrierte Grafikkarte des gängigen Intel Chipsatzes 945G, kann dies nicht.[6]

Die Hersteller wollen, allen voran Intel, eine neue weitere Notebook-Plattform einführen. Diese soll Kunden bedienen, die mehr Leistung in ihrem Netbook wollen, aber nicht bereit sind die Preise eines teureren Subnotebooks zu bezahlen. Diese Notebooks haben einen Hauptprozessor (CPU) im sogenannten Consumer Ultra Low Voltage (CULV) Design. Intel fertigt für diese Plattform spezielle CPUs, die im Vergleich zu den CPUs für den Netbook Markt, ca. doppelt so viel Rechenleistung haben. Die CPUs haben aktuelle Technik integriert, werden allerdings in einer niedrigeren Taktfrequenz betrieben, als die Mainstream-Prozessor-Linie, Core2Duo, von Intel. Dadurch sind diese speziellen CPUs sparsamer beim Stromverbrauch und können in Notebooks eingebaut werden, die alltagstauglicher sind. Die Gehäuse der Notebooks sind flacher, das Gewicht leichter und durch den niedrigen Stromverbrauch haben die Akkus eine Betriebszeit von i.d.R. 8 Stunden, was einem Arbeitstag entspricht. Der Preis eines Notebooks mit einer CULV-CPU soll bei weit unter 1000,-€ liegen.

---

[6] Vgl. PC-Welt (2009): Nvidia ION - der ideale Partner für Intel Atom, o.S.

3.1.2 T-Unternehmen

Ursprünglich war die IFA Firmen aus der Unterhaltungselektronik vorbehalten. Seitdem aber Musik und Videos von Verbrauchern in digitaler Form auf PCs gespeichert werden, kommen immer mehr Unternehmen und Dienstleister aus dem IT-Sektor auf die IFA. Sie wollen in den Milliardenmarkt der Unterhaltungsbranche. So schätzt Intel den Bedarf an Halbleitertechnik für das digitale Wohnzimmer im Jahr 2011 auf 10 Milliarden Dollar.[7] Dieses Jahr hatten IBM und Cisco eigene kleine Stände auf der IFA. Intel und Microsoft halten Pressekonferenzen während der IFA ab. Schon auf der IFA 2005 war Intel präsent. Damals mit der Viiv-Plattform, einer Chip-Modellreihe für Internet-Fernseher. Diese wurde, wegen Erfolgslosigkeit, Mitte Dezember 2007 aufgegeben. Dieses Jahr zeigte der Halbleiterhersteller einen TV-Prototypen der komplett mit Mikrochips von Intel bestückt war. Bei der Vorführung durch Intel-Manager Henning Eid, reagierte das TV-Gerät allerdings nicht auf die Fernbedienung. „Jetzt hängt die Box"[8], entschuldigte Henning Eid sich. Die Kunden sind solche Probleme in der IT-Welt gewöhnt und tolerieren sie zum größten Teil auch, aber auf dem Unterhaltselektronikmarkt wird das nicht funktionieren.

Cisco will ebenfalls wie Intel in den Unterhaltungselektronikmarkt. Cisco konzentriert sich allerdings auf Produkte für die Vernetzung des digitalen Heims. Cisco will dem Verbraucher die komplette Infrastruktur liefern, z.B. den Internetzugangspunkt und Speichergeräte für die Multimedia-Daten. Bis 2014 will Cisco ¼ des Konzernumsatzes, im Jahr 2008 39,5 Milliarden US-Dollar[9], mit den Produkten für das digitale Heim erwirtschaften.

IBM, im Gegensatz zu Cisco, ist schon im Unterhaltungselektronikmarkt angekommen. So erwirtschaftet IBM jährlich bereits 4 Milliarden US-Dollar in dem Bereich, in dem das Geschäft für Unterhaltungselektronik bilanziert wird.[10] Allerdings werden dort auch noch medizinische Produkte und Halbleiter verbucht. Die Strategie von IBM ist eine andere als die von Cisco. Im Wohnzimmer soll auf keinem Gerät IBM stehen, sondern IBM will den Herstellern von Unterhaltungselektronik Dienstleistungen anbieten. So greifen TV-Geräte mit Internetfunktion von Philips auf einen Server in einem Rechenzentrum von IBM zu.

---

[7] Vgl. Riedl, T (2009) S. 21
[8] Riedl, T (2009), S. 21
[9] Vgl. Cisco (2009): Cisco mit neuem Rekord-Marktanteil bei weltweiter Telefonieausrüstung, o.S.
[10] Vgl Riedl, T (2009), S. 21

Dort werden die Internetinhalte speziell für die Philips TV-Geräte aufbereitet. IBM ist nirgendwo für den Verbraucher zu lesen. Die Strategie von Intel hat sich gegenüber der früheren Strategie mit der Viiv-Plattform geändert. Der Firmenname soll nun nicht mehr im Wohnzimmer auftauchen, sondern die Mikrochips werden den Unterhaltungselektronikhersteller angeboten, damit diese sie in ihren Produkten verbauen.

3.2 Trends in der Video-Branche

3.2.1 TV-Markt

Die großen Neuerungen im TV-Bereich wurden im Flüssigkristallbildschirm-Markt (LCD-Markt) gezeigt. Im Plasma-Markt stellten Samsung und Panasonic die aktuelle Modellgeneration aus. Panasonic zeigte Prototypen von 3D-Plasma-Displays die schon zur IFA 2010 auf den Markt kommen sollen. Auch das neue Topmodell, welches kurz nach der IFA ausgeliefert werden soll, wurde gezeigt. Der Z1 von Panasonic ist so flach, dass die Empfangseinheit für die anzuschließenden Geräte in einer separaten Box ausgelagert werden musste. Die Übertragung erfolgt von dieser zum Bildschirm per WirelessHD. Größter Trend im Plasma-Bereich ist der deutlich verringerte Energiebedarf der TV-Geräte. Einen Trend, den die Hersteller zur IFA 2008 schon eingeschlagen haben und konsequent weiterführen. Nach dem Ausstieg aus der Plasma-TV Produktion von Pioneer und LG im Frühjahr 2009, gibt es weltweit operierend nur noch 2 große Plasma-TV Hersteller, Marktführer Panasonic und Samsung.[11]

Der große Trend auf dem LCD-Markt sind TV-Geräte mit einer Hintergrundbeleuchtung die auf Leuchtdioden (LED) basiert, anstatt Kaltkathodenröhren (CCFL). Noch auf der IFA 2008 war die Technik ein Zukunftsthema, die sich zur IFA 2009 auf dem Markt etabliert. Die LED-LCD Geräte sind, je nach verwendeter Technik, mehr oder weniger energiesparender als die CCFL-LCD Geräte. Die LEDs werden auf zwei grundsätzlich verschiedene Arten verbaut. Sie können am Panelrand, wie bei herkömmlichen LC-Displays mit Kaltkathodenröhren, verbaut werden. Um ein extrem dünnes Gehäuse zu erreichen, werden die LEDs aber in die Panelecken verlagert. Dünnstes LCD-Gerät auf der IFA war ein TV-Prototyp von Samsung mit 6mm tiefem Gehäuse. Diese

---

[11] Vgl. WinFuture (2009): LG wird aus Plasma-TV-Produktion aussteigen, o.S.

Einbautechnik wird je nach Hersteller Edge-Backlight oder Edge-Lit LED genannt. Bei der anderen Einbautechnik sitzen die LEDs flächig hinter der Flüssigkristallschicht. Das hat den Vorteil, dass ein Verfahren namens local dimming angewandt werden kann. Dieses Verfahren ermöglicht, dass die Hintergrundbeleuchtung an hellen Bildstellen voll strahlt und an Stellen mit dunklerem Bildinhalt gedimmt wird oder sich komplett abschaltet. Mit Edge-Backlight ist local dimming nicht möglich. LCD-TVs mit local dimming sparen gegenüber der anderen Bauart mehr Energie, da die Hintergrundbeleuchtung die meiste Energie benötigt.

Allgemein werden LCD-TVs aber durch eine verbesserte Paneltechnik, wobei die einzelnen Pixel mehr Licht durchlassen, energiesparender, so dass auch Geräte mit Edge-Backlight energiesparender sind, als solche mit CCFLs.[12] Den energiesparendsten LCD-TV zeigte Sharp. Ein 52 Zoll Gerät mit Full-LED Hintergrundbeleuchtung, welches maximal nur 98 Watt pro Stunde im Betrieb aufnahm. Ein 52 Zoll LCD-TV der aktuellen Generation, z.B. Philips 52PFL7404H/12, mit herkömmlicher CCFL Hintergrundbeleuchtung, braucht maximal ca. 280 Watt pro Stunde.[13]

Die Zukunft in der Display Technologie schreiben die Hersteller aber den Organic Light Emitting Diode Displays (OLED-Displays) zu. An dieser Technologie forschen alle großen TV-Hersteller. Ausgestellt wurden, nicht wie in den Jahren zuvor, Labormuster, sondern serienreife Prototypen bzw. auch Seriengeräte kurz vor der Markteinführung. Sony verkauft seinen 11 Zoll OLED-TV schon seit 2008. Der XEL-1 genannte OLED-TV hat einen Listenpreis von 4.299,-€ (Stand: 19.11.2009), eine Displayauflösung von 960x540 Pixel und einem nur 3mm dicken Bildschirm.[14] JVC präsentierte einen Prototyp mit 15 Zoll Diagonalen und ebenfalls nur 3mm Gehäusetiefe.

Der Internetzugang über das TV-Gerät im Wohnzimmer wird von den Herstellern ebenfalls propagiert. Erfolgen kann dieser über das TV-Gerät selbst oder über ein angeschlossenes Zusatzgerät, wie einen Blu-ray-Player oder einen DVB-Receiver. Die Geräte haben allerdings noch keinen vollwertigen Internetbrowser integriert. Vielmehr erfolgt der Zugang über Widgets. Dies sind spezielle Miniprogramme, die

---

[12] Vgl. Heise (2009): Wie grün ist die LED-Technik?, o. S.
[13] Vgl. Stromverbrauchinfo (2009): Stromverbrauch von TV Geräten, o. S.
[14] Vgl. Sony (2009): Bedienungsanleitung XEL-1, S. 43DE, o. S.

auf ein Online-Portal zugeschnitten sind, z.B. für Youtube, Flickr oder Wetterberichte. Widgets werden von den Herstellern selbst programmiert oder sie verwenden schon vorhandene, wie z.B. die vom Webportal Yahoo. Philips fährt eine andere Strategie als die anderen Hersteller. Philips baut einen beschnittenen Internetbrowser ein, der die Norm CE-HTML beherrscht. Dieser kann nur auf einen Server vom IT-Dienstleiter IBM zugreifen. Der Server bereitet speziell für die Philips TV-Geräte bestimmte Internetinhalte auf. Manche dieser Inhalte kosten extra, womit Philips weite Umsätze generieren will. LG hat einen Prototyp präsentiert, der einen direkten Zugang zur Online-Videothek Maxdome hat.

Das Ergebnis ist bei allen Zugriffsverfahren gleich. Die Informationen aus dem Internet können so simpel aufgerufen werden, wie das klassische Zappen durchs TV-Programm. Allerdings sehen Experten für diese Konvergenz, Hybrid-TV genannt, erst dann einen Durchbruch im Markt, wenn sich ein einheitlicher Standard, für die Aufbereitung der Internetinhalte, auf allen Geräteplattformen bildet. Dazu hat sich ein europäisches Konsortium aus Sendeanstalten, dem Satellitenbetreiber Astra, Software-Häusern und dem Münchner Institut für Rundfunktechnik gebildet. Das Konsortium hat einen Entwurf mit dem Namen Hybrid Broadcasting Broadband TV vorgelegt. ARD und ZDF zeigten bereits Anwendungen auf Basis dieses Standardisierungsvorschlages auf der IFA.

Eine Neuigkeit auf der IFA waren auch die ersten serienreife Produkte, die den WirelessHD-Standard unterstützen. Der Standard wurde schon im Januar 2008 vom WirelessHD-Konsortium freigegeben, allerdings ließen Produkte auf sich warten, da die Controllerchips fehlten. Erster TV mit WirelessHD, war der Sony EX1, der auf der IFA 2008 präsentiert wurde. Allerdings unterstütze dieser nur die Übertragung von Bildern in Full-HD mit Halbbildern (1080i). Die neuen Produkte unterstützen Full-HD mit Vollbildern (1080p), welches eine wesentlich höhere Datenrate benötigt, da immer ganze Bilder übertragen werden. Auch der Ton kann hoch aufgelöst und unkomprimiert übertragen werden. Die Übertragung erfolgt im 60 Gigahertz-Band und funktioniert bis zu 20 Meter.

3.2.2 HDTV

Nach jahrelanger Testphase rückt der HDTV-Regelbetrieb immer näher. Die öffentlich rechtlichen Fernsehstationen starten im Frühjahr 2010 zur Winterolympiade. Die Privaten etwas früher, die RTL-Gruppe im November 2009 und die Pro7Sat1-Gruppe zum Jahreswechsel 2009 / 2010. Im Gegensatz zu den frei empfangbaren öffentlich rechtlichen Sendern wollen sich die privaten Sender die HD-Ausstrahlung extra bezahlen lassen. Über Satellit bekommt man die privaten HD-Kanäle nur über die Astra-Plattform HD+ zu sehen. Das erste Jahr ist kostenlos beim Kauf eines HD+-fähigen Gerätes, ab dem zweiten Jahr fallen Gebühren von 50 € pro Jahr an.[15] Die privaten Sender verfolgen mit dieser Strategie mehrere Ziele. So soll der Kunde für mehr Qualität auch mehr zahlen, wie jetzt schon in den Kabelnetzen. Dort kostet der digitale Empfang der privaten Sender extra pro Monat. Zum anderen soll der Generationswechsel dafür genutzt werden dass der digitale Empfang des Fernsehprogramms über Satellit nur noch verschlüsselt, wie in den Kabelnetzen, erfolgen kann. Damit versprechen sich die Sendeanstalten die komplette Kontrolle über die Nutzung ihrer Programme. So kann über HD+ ein Flag gesendet werden, was die Aufzeichnung des Programms, das zeitversetzte Anschauen und das Überspringen der Werbeblöcke, verhindert. Die Unterhaltungsindustrie erwartet von dem HDTV-Regelbetrieb einen Milliardenumsatz mit TV-Geräten und DVB-Receivern.

Für den Verbraucher stellt sich die Situation anders dar. Er soll seinen eigenen „goldenen digitalen Käfig" finanzieren, in dem er nicht mehr den Komfort wir früher hat. Er opfert für eine bessere Qualität des TV-Programms die Freiheit, dass Programm so zu nutzen, wie er es möchte.

Im Jahr 2012 wollen die öffentlich rechtlichen die analoge Satellitenübertragung ihrer Programme abstellen um Kosten durch den Parallelbetrieb zu sparen. Die Voraussetzung dafür ist allerdings, dass mindestens 90% der Haushalte in Deutschland die Inhalte digital empfangen können.[16] Die Arbeitsgemeinschaft Fernsehforschung ermittelt jeden Monat den Grad der Digitalisierung. Im November 2009 waren genau 40% der 35,4 Millionen Haushalte in Deutschland mit einem digitalen Empfangsgerät für Fernsehen ausgestattet.[17] Die Politik legt sich aber nicht fest. Dazu Angela Merkel auf der Eröffnungsgala: „Damit muss ich mich nochmals befassen. Denn ich möchte nicht Millionen von Protestbriefen bekommen, weil Menschen ohne Bild- und Tonversorgung dasitzen."[18]

---

[15] Vgl. Wikipedia (2009): HD+, o.S.
[16] Vgl. Financial Times Deutschland (2009): Trübe Aussichten für das scharfe Bild, o.S.
[17] Vgl. Arbeitsgemeinschaft Fernsehforschung (2009): Entwicklung des Digitalisierungsgrades, o.S.
[18] Vgl. Focus (2009): Merkel will Breitband für alle, o.S.

3.2.3 3D-Technik

3D ist nach mehreren Jahren auch wieder ein Trend auf der IFA. Nach den großen Erfolgen der 3D-Technik in den letzten Jahren im Kino, hält die 3D-Technik Einzug ins Wohnzimmer. Sony und Panasonic wollen 2010 schon die ersten 3D-HDTV-Geräte weltweit auf den Markt bringen. Momentan bietet Hyundai, ausschließlich in Japan, schon 3D-Geräte an. Sony will die PlayStation 3 per Firmware-Update für Filme und Spiele 3D-fähig machen. Philips hingegen zeigt 3D-LCD-TVs, die ohne 3D-Brille funktionieren. Damit wird aber nur die technische Kompetenz von Philips demonstriert, da der Hersteller warten möchte, bis das Thema marktreif ist. BSkyB, ein britischer Fernsehsender, will 2010 den ersten 3D-Satellitenkanal im Groß Britannien ausstrahlen. Die Blu-ray Disc Association plant einen 3D-Standard für die Blu-ray Disc. Dieser soll im Dezember 2009 fertig gestellt sein. Er soll aber nicht die Anzeige des 3D-Bildes vorschreiben, sondern wie der 3D-Film auf der Disc gespeichert sein soll. Die Übertragung der Bildinformationen vom Blu-ray Player zum Anzeigegerät schreibt der 3D-Standard ebenfalls vor. Für jedes Auge wird das Bild mit der vollen Full-HD Auflösung von 1080 Zeilen gespeichert.

Ein 3D-Bild kann nicht so einfach dargestellt werden wie ein herkömmliches Bild. Jedes Auge muss ein eigenes Bild, mit einer leicht versetzten Perspektive sehen, um den 3D-Effekt zu erreichen. Momentan gibt es 5 verschiedene Techniken auf dem Markt, dies zu realisieren. Ein Standard hat sich noch nicht durchgesetzt. Problem dabei ist, dass jeder Mensch anders auf den 3D-Effekt reagiert. Was der eine als angenehm empfindet, verdreht bei einem anderen den Kopf.

Shutterbrillen nutzen die Trägheit des Auges. Der Monitor zeigt abwechselnd die Bilder für das rechte und linke Auge an. Die Shutterbrille verdunkelt synchron zum Monitor abwechselnd das Brillenglas des Auges, für das der Bildinhalt nicht bestimmt ist. Dies geschieht so schnell, dass das Gehirn die Bilder gleichzeitig wahrnimmt.[19]

Bei der Panel-Polarisation liegen, vereinfacht ausgedrückt, zwei unterschiedlich polarisierte LCD-Panels übereinander. Durch die Polfilterbrille nimmt das eine Auge nur das Bild des einen Panels war, das andere Auge das Bild des anderen Panels. Die erhöhte Blickwinkelabhängigkeit des Displays ist ein Nachteil.[20]

---

[19] Vgl. Janssen, J.-K. (2009), IFA-Umfrage: Welche 3D-Technik ist am beliebtesten, S. 88, o.S.
[20] Vgl. Janssen, J.-K. (2009), IFA-Umfrage: Welche 3D-Technik ist am beliebtesten, S. 88, o.S.

Die Zeilen-Polarisation funktioniert nur mit einem LCD-Panel. Alle ungeraden Zeilen werden in die eine Richtung polarisiert, alle geraden in die andere Richtung. Durch die Polfilterbrille sieht das eine Auge nur die ungeraden Zeilen und das andere Auge nur die geraden. Nachteil der Zeilen-Polarisation ist, dass sich die vertikale Auflösung des Panels halbiert.[21]

Displays, die Autostereoskopie beherrschen, stellen 3D-Bilder ohne Hilfe von Brillen dar. Durch ein Linsenraster oder eine Streifenmaske wird der Blick so getrennt, dass die Augen die jeweils richtigen Bilder wahrnehmen. Nachteile sind die geringen Auflösungen des Bildes und dass der 3D-Effekt nur aus bestimmten Betrachtungsabständen und –winkeln eintritt, ansonsten sieht man Doppelbilder.[22]

Anaglyphen-Brillen bestehen i.d.R. aus Pappe und haben pro Auge unterschiedlich gefärbte Folien. Aus entsprechend aufbereiteten Bildern filtern die Folien die entsprechenden Komplementärfarben heraus. Der Bildeindruck leidet erheblich, da die Augen unterschiedlich eingefärbte Bilder sehen.[23]

Die c't hat dazu auf der IFA eine „3D-Wand" aufgebaut. Sehschlitze gaben den Blick auf einen von 5 Monitoren frei, auf die mit jeweils einer der genannten 3D-Technik geschaut werden konnte. Die Besucher bekamen einen Stimmzettel und durften mit Schulnoten die 3D-Techniken bewerten (siehe Abbildung 2). 441 gültige Stimmzettel wurden abgegeben, damit ist die Umfrage nicht repräsentativ, aber dennoch aufschlussreich. Am besten bewertet, mit einer Durchschnittsnote von 2,1, wurde die Shutterbrille. Danach kamen die beiden Polarisationsverfahren mit den Durchschnittsnoten von 2,5 für die Zeilen- und 3,0 für die Panel-Polarisation. Erstaunlich hierbei ist, dass die Zeilen-Polarisation besser bewertet wurde als die Panel-Polarisation, obwohl die Hälfte der vertikalen Auflösung verlorengeht. Das brillenlose Display mit der Autostereoskopie faszinierte viele Besucher, die Nachteile der Technik verhinderten aber eine bessere Durchschnittsnote als 3,4. Abgeschlagen mit einer Durchschnittsnote von 3,8 landete die Anaglyphen-Technik auf dem letzten Platz.[24]

---

[21] Vgl. Janssen, J.-K. (2009), IFA-Umfrage: Welche 3D-Technik ist am beliebtesten, S. 88, o.S.
[22] Vgl. Janssen, J.-K. (2009), IFA-Umfrage: Welche 3D-Technik ist am beliebtesten, S. 88, o.S.
[23] Vgl. Janssen, J.-K. (2009), IFA-Umfrage: Welche 3D-Technik ist am beliebtesten, S. 88, o.S.
[24] Vgl. Janssen, J.-K. (2009), IFA-Umfrage: Welche 3D-Technik ist am beliebtesten, S. 89, o.S.

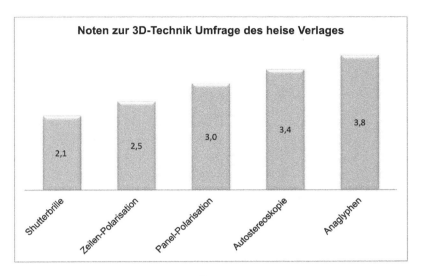

Noten zur 3D-Technik Umfrage des heise Verlages

Abbildung 2: Noten zur 3D-Technik Umfrage[25]

3.3 Trends in der Audio-Branche

Im Audio-Bereich dreht sich vieles um das Thema Internet und Vernetzung der einzelnen Audio-Komponenten. Unterstützung von Musikstreaming hat sich im Audio-Bereich etabliert, da Musik zunehmend online gekauft wird. Die Speicherung der Audio-Dateien erfolgt auf Festplatte, die dadurch die Compact Disc (CD) immer mehr als Audiodatenträger ablöst. Die Festplatten stecken aber nicht mehr nur in Computern, sondern zunehmend auch in Geräten, die auf der Network Attached Storage (NAS) Technik basieren. Diese stellen dann die Audio-Daten im Heimnetzwerk zur Verfügung. Netzwerk-Clients spielen die Daten dann selbstständig ab oder leiten die Ausgabe an die High-Fidelity-Anlage (Hi-Fi-Anlage) weiter. Bei modernen AudioVideo-Receivern (AV-Receiver) oder Verstärkern ist die Netzwerkfähigkeit schon implementiert. Auch der direkte Zugriff auf Online-Musik-Dienste und Internet-Radiostationen etabliert sich.

Die Unterstützung für die hochauflösenden Tonformate der Firmen Dolby und Digital Theater Systems (DTS) finden sich nahezu in allen aktuellen AV-Receivern und Blu-ray-Playern wieder. Die Tonformate sind zusammen mit der Blu-ray-Disc

---

[25] Eigene Darstellung in Anlehnung an: Janssen, J.-K. (2009), IFA-Umfrage: Welche 3D-Technik ist am beliebtesten, S. 88 - 89, o.S.

eingeführt worden und sind auf dieser der Ton-Standard. Des Weiteren wird die Bedienung der oftmals mächtigen wie komplizierten AV-Receiver von den Herstellern vereinfacht. So werden z.b. selten benötigte Funktionen nicht mehr integriert. Der iPod-Anschluss bei AV-Receivern etabliert sich ebenfalls, womit der iPod sich über den AV-Receiver fernsteuern lässt.

Im Lautsprecherbereich erfreuen sich Lautsprecherleisten immer größerer Beliebtheit. Sie ersparen das Aufstellen und Verkabeln von Lautsprechern im Zimmer und bieten trotzdem Surround-Sound. Weitere Funktionen werden ebenfalls integriert. So wurden Produkte auf der IFA gezeigt, die z.b. einen Blu-ray-Player integriert haben oder Audio- und Video-Dateien per Netzwerk empfangen können.

3.4 Trends in der Foto-Branche

Entgegengesetzt des jahrelangen Trends zu immer mehr Megapixel und immer kleineren Sensoren kommen nun Digitalkameras auf den Markt, die weniger Megapixel und größere sowie bessere Sensoren haben. Das führt dazu, dass das Bildrauschen abnimmt, die Lichtempfindlichkeit steigt und somit die Bildqualität zunimmt. Einige neue digitale Spiegelreflexkameras unterstützen zudem das Binning von Pixeln. Dort werden 4 Pixel zu einem Pixel auf dem Digitalbild zusammengefasst, wodurch sich die Lichtempfindlichkeit erhöhen und das Bildrauschen vermindern lässt. Nachteil ist, dass die Auflösung des Bildes nur noch ein Viertel der maximalen Pixelanzahl beträgt.

Eine Neuheit wurde von Nikon präsentiert. Die Firma zeigte eine digitale Kompaktkamera mit integriertem Projektor. Damit können aufgenommene Bilder und Filme jederzeit projiziert werden.

Digitalkameras werden zu einer immer größeren Konkurrenz von einfachen Videokameras. Inzwischen kommen nur noch Modelle auf den Markt, die Filme in der kleineren HD-Auflösung 720p aufnehmen. Teure Spiegelreflexkameras nehmen die Filme sogar in Full-HD auf. Dass hat zur Folge, das Videokameras immer mehr Features und Zusatzfunktionen bieten müssen, damit sie gegen Digitalkameras im Markt bestehen können.

3.5 Trends bei den mobilen Geräten

3.5.1 Mobiltelefone

Durch den Preisverfall der Datendienste sind Mobiltelefone quasi immer online und werden so zu mobilen Infoterminals, die ständig Zugriff auf alle Arten von Informationen haben. Apple und Google haben diesen Trend erkannt und bieten schon länger sogenannte App-Stores an. Dort können Besitzer von den Mobiltelefonen immer und überall Zusatzprogramme auf ihre Telefone laden. Andere Hersteller ziehen nun bei diesen App-Stores nach, z.B. Nokia mit seinem Ovi-Store. Hardwareseitig gibt es bei den Mobiltelefonen wenig Neues. Reine Touchscreen-Telefone erfreuen sich weiter großer Beliebtheit. Die Hersteller betreiben vor allem Feintuning und Optimierung bei den Geräten.

Die Zusammenführung von Unterhaltung und Kommunikation wird die Hersteller von Mobiltelefonen in Zukunft noch viel stärker beschäftigen. Kaum eine Produktkategorie zeigt deutlicher, was Konvergenz bedeutet. Mobiltelefone haben schon vor Jahren reine persönliche digitale Assistenten (PDA) vom Markt komplett verdrängt. Schon einfache Mobiltelefone bieten Kalender-, Adress- und Aufgabenverwaltung.

Mittlerweile kann fast jedes Handy einen MP3-Player ersetzen. Nokia bietet hier z.B. den Dienst „comes with Music" an. Käufer entsprechender Mobiltelefone können direkt immer und überall Musik kaufen und auf ihrem Mobiltelefon speichern und hören.

Der portable Video-Player wird ebenfalls ersetzt. Mobiltelefone haben ab Werk schon Abspielsoftware für Video-Dateien installiert, die früher nur auf Computern verfügbar waren. Auch werden neue Geschäftsfelder erschlossen. So betreibt der Netzbetreiber Vodafone eine Videothek, wo sich Vodafone-Kunden Filme direkt ausleihen und auf ihrem Mobiltelefon betrachten können. Auch eigene Filme können mit den Mobiltelefonen aufgenommen werden. Es wurden seriennahe Geräte gezeigt, die in Full-HD-Auflösung aufnehmen.

Mobiltelefone machen der einfachen Digitalkamera schon länger Konkurrenz. Neuere auf der IFA gezeigte Modelle haben teilweise bis zu 12 Megapixel und stoßen somit in den Markt der mittelklassigen Digitalkameras vor. Ein optisches Zoom ist noch nicht serienreif, Prototypen gab es aber schon zu sehen.

Konkurrenz machen die Mobiltelefone auch den Navigationsgeräten. GPS-Chips (Global Positioning System) sind in immer mehr Modellen integriert und die Navigationssoftware erreicht einen Leistungsumfang, die mit einfachen Navigationsgeräten mithalten kann.

3.5.2 Navigationsgeräte

Bei den Navigationsgeräten ist Internet ebenfalls ein großes Thema. Erste Modelle haben ein Mobilfunkmodul eingebaut und werden inkl. einer Mobilfunkkarte verkauft. Die Geräte sind damit immer online und holen sich ständig benötigte Informationen direkt vom Server des Produzenten. Die Routenführung wird verbessert und komfortabler, da die Navigationsgeräte Verkehrs-, Wetter- und Karteninformationen selbständig auf dem aktuellen Stand halten können. Auch Updates, für die in Deutschland nicht erlaubten Radarfallenwarner, holen sich die Navigationsgeräte aus dem Internet. Dieses Feature ist in den Deutschland verkauften Navigationsgeräten deaktiviert.

Am Zielort kann der Benutzer aktuelle lokale Informationen, wie z.B. Restaurants oder freie Parkplätze, abrufen und sich direkt dorthin leiten lassen. Einen vollständigen Internetbrowser, zum freien Surfen im Internet, ist auf den Navigationsgeräten noch nicht vorhanden. Allerdings werden monatliche Gebühren für den Internetzugang fällig. Nach einem freien Testzeitraum muss sich der Käufer entscheiden, ob er die Features weiternutzen will oder nicht.

3.6 Trends bei den Haushaltsgeräten

3.6.1 Umwelttechnik

Ressourcenschonung und Energieeffizienz hat bei Haushaltsgeräteherstellern eine lange Tradition. Seit Jahren werben sie mit Umweltfreundlichkeit, ohne dass dabei die Gebrauchseigenschaften und der Komfort schlechter werden. Allerdings stößt die bisherige Kennzeichnung der Energieeffizienzklassen von G bis A bzw. eine Interimslösung für noch sparsamere Geräte mit A+ oder A++ an die Grenzen. Die Energieeffizienzklasse wird um weitere Bezeichnungen erweitert. Als Basisgeräte für die neue Bezeichnung   dienen Geräte der Energieeffizienzklasse A. Neue Geräte, die nun 20 Prozent energiesparsamer sind, können sich nun mit dem Label

A-20 kennzeichnen, Geräte die 40 Prozent energiesparsamer sind mit dem Label A-40 usw.[26]

Die Hersteller versprechen sich von der neuen Kennzeichnung eine höhere Verständlichkeit beim Verbraucher. Dadurch soll auch ein Kaufanreiz geweckt werden. So stehen z.b. in deutschen Haushalten noch 54 Millionen Geräte die nicht die Energieeffizienzklassen A+ oder A++ erfüllen.[27] In Europa sind über 180 Millionen Geräte in Gebrauch, die älter sind als 10 Jahre. Die durchschnittliche Nutzungsdauer liegt zwischen 12 Jahren bei Waschmaschinen und Wäschetrocknern bis hin zu 17 Jahren bei Gefriergeräten. In einer Studie stellte der Zentralverband Elektrotechnik- und Elektronikindustrie (ZVEI) fest, dass in Europa jährlich 44 Terawattstunden an elektrischer Energie unnötig, durch Nutzung von alten, ineffizienten Haushaltsgeräten verbraucht werden.[28]

Kühlschränke verbrauchen heute 50 Prozent weniger Energie als noch vor 15 Jahren. Gefrierschränke und Kühl-Gefrier-Kombinationen verbrauchen sogar bis zu 65 Prozent weniger Energie. Moderne Geschirrspüler verbrauchen nicht nur bis zu 35 Prozent weniger Energie als noch vor 15 Jahren, sie brauchen auch nur noch 7 Liter Wasser für 14 Maßgedecke statt 12 Liter. Auf das Geschirrspülerleben hochgerechnet sind dass 16.500 Liter gespartes Wasser. Beim Trocknen des Geschirrs wird durch Verwendung spezieller Mineralien ebenfalls Energie gespart. Moderne Waschmaschinen haben eine Vielzahl spezieller Waschprogramme um Wasser und Energie zu sparen. So werden bis zu 35 Prozent an Energie eingespart. Wäschetrockner sparen Energie durch Nutzung von Wärmepumpentechnologie und selbst reinigenden Kondensatoren.[29] Eine Übersicht des Energieeinsparungspotenzial zeigt die Abbildung 3.

---

[26] Vgl. Schramm, M (2009), S. T2, o.S.
[27] Vgl. Financial Times Deutschland (2009): IFA 2009: Energiesparen soll belohnt werden, o.S.
[28] Vgl. gfu (2009): Trends bei Elektrohausgeräten 2009, o.S.
[29] Vgl. gfu (2009): Trends bei Elektrohausgeräten 2009, o.S.

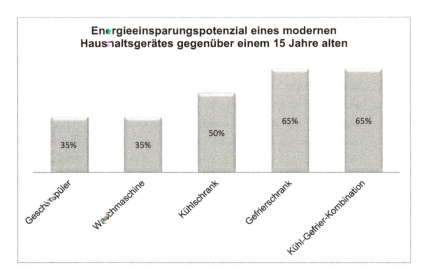

Abbildung 3: Energieeinsparungspotenzial eines modernen Haushaltsgerätes[30]

Durch die teure umweltfreundliche Technik fordert die Branche eine Kaufprämie für die energiesparsamen Geräte. Das Problem hierbei ist aber, dass die Verbraucher Altgeräte i. d. R. nicht entsorgen, sondern im Keller, in der Ferienwohnung etc. weiter betreiben. Hier gilt es für den Handel, die Industrie und die Politik anzusetzen und Aufklärung beim Konsumenten zu betreiben um ihm die Ressourcenschonung bewusst zu machen. Denn die Anschaffung eines modernen Gerätes lohnt sich in dreifacher Hinsicht. Nicht nur die Umwelt wird geschont, sondern auch der Geldbeutel des Konsumenten. So spart z.B. eine Gefrierschrank mit 65 Prozent niedrigerem Energieverbrauch ca. 70,-€ Energiekosten pro Jahr. Durch gestiegenem Komfort und innovative Konzepte mit neuen Anwendungsmöglichkeiten steigern moderne Geräte hinzu noch den Nutzwert.[31]

3.6.2 Vernetzung und Bedienung

Auch bei Hausgeräten ist Vernetzung ein Trend. So haben z.B. die Hersteller Miele und SieMatic in Zusammenarbeit mit Microsoft die Küche S1 präsentiert. Diese nutzt den Konnex-Standard für Gebäudetechniksteuerung. Der Datentransfer läuft über die Stromleitung. Um mit anderen Geräten zu kommunizieren wurde ein

---

[30] Eigene Darstellung in Anlehnung an: gfu (2009): Trends bei Elektrohausgeräten 2009, o.S.
[31] Vgl. gfu (2009): Trends bei Elektrohausgeräten 2009, o.S.

Gateway in Buchgröße entwickelt und Statusabfragen definiert. Über diesen Gateway greift auch ein sogenanntes Smartboard auf die Geräte zu. Dieses ist ein kleines Display, welches an einem beliebigen Ort installiert werden kann. Darüber lassen sich Temperatur, Licht, Lüftung und Unterhaltungselektronik steuern. Das Smartboard kann aber auch Nachrichten von Geräten empfangen, so meldet sich z.b. die Waschmaschine aus dem Keller, wenn der Waschvorgang beendet ist oder der Kühlschrank schickt eine Nachricht, wenn ein Lebensmittelvorrat zu Ende geht.

Die Relevanz von Ergonomie und Bedienkomfort ist bei Haushaltsgeräten hoch. Seit Jahren geht der Trend zu immer mehr designorientierteren Geräten. Dies schlug sich aber teilweise in einer komplizierten Gerätebedienung nieder. Die Hersteller wollen diese Kriterien in Einklang bringen. Z.B. öffnet sich bei einem Herd die Klappe durch simples Antippen, anstatt an einem Griff zu ziehen.

4   Ausblick auf die IFA 2010

Die 50. IFA wird vom 03. bis 09. September 2010 stattfinden. Zur 50. Veranstaltung will die IFA ein größeres Medienspektakel bieten als üblich. Dr. Rainer Hecker, Aufsichtsratsvorsitzender des IfA-Veranstalters Gesellschaft für Unterhaltungs- und Kommunikationselektronik (gfu) zur Weiterentwicklung der IFA: „Wir gehen mit Zuversicht an die Vorbereitung der 50. IFA im Jahr 2010. Hierbei werden wir uns auf die Weiterentwicklung der Erfolgsfaktoren unserer internationalen Leitmesse konzentrieren". Auch der Vorsitzende des ZVEI Fachverbandes Kleingeräte blickt positiv auf die 50. IFA: „Es hat sich wirklich gelohnt, nach Berlin zu kommen, die IFA ist eine ideale Plattform um Lifestyleprodukte vorzustellen. Die Resonanz war ausgezeichnet. Wir freuen uns schon heute auf die IFA 2010."[32]

Die Hersteller erwarten für die IFA 2010 weiteres Wachstum. Dass sich die IFA in finanziell schwierigen Zeiten so gut präsentiert, lässt den Handel äußerst positiv auf nächstes Jahr schauen.

---

[32] Vgl. gfu (2009): Rückblick 2009, o.S.

5 Resümee zur IFA

Nach der IFA zeigten sich der Handel und die Industrie optimistisch. Das Ordervolumen von mehr als 3 Milliarden Euro, übertraf die Erwartungen der Aussteller. Die Konsumenten waren von den gezeigten Produkten begeistert. „Erneut wurde uns bestätigt, das weltweit größte Highlight für die Branchen zu sein. Als Messe mit den meisten Produktpremieren konnten wir die internationale Position der IFA weiter ausbauen"[33], erfreut sich Dr. Christian Göke, Messe-Geschäftsführer, in einem Interview nach der IFA. Das neue Konzept der IFA, welches in diesem Jahr zum zweiten Mal angewandt wurde, Haushaltsgerätehersteller mit in die Ausstellung zu nehmen, ging voll auf. Das deutliche Wachstum bei den Besucherzahlen und Fachhändlern spricht für das Konzept. Das Ziel der Messeleitung, die Besucherzahlen zu steigern, erfüllte sich. Es kamen 228.600 Besucher, wobei mehr als die Hälfte Fachbesucher waren. Von diesen 119.000 Fachbesuchern waren über 25.500 aus dem Ausland, womit das Ziel einer stärkeren Internationalisierung erreicht wurde. Die IFA bietet der Industrie und dem Handel eine gute Planungssicherheit. Die Veranstalter blicken mit großer Zuversicht auf die IFA 2010.

---

[33] Big Screen (2009): IFA 2009 - Besucherzuwachs und Ordervolumen auf Rekordniveau, o.S.

Literaturverzeichnis

Zeitschriftenartikel

[1] Erlwein, M., Senr, U. (2009): Hightech-Haushalt, in: SFT, o.J., 2009, Ausgabe 9, S. 70-72

[2] Hansen, S. (2009): Musikantenstadl, in: c't, o.J., 2009, Ausgabe 19, S. 26

[3] Heß, T. (2009): IFA 2009 – Weltpremieren erleben, in: elektrobörseHandel, o.J., 2009, Ausgabe 8, S. 8-18

[4] Hingefort, U. (2009): Ruhe nach dem Sturm, in: c't, o.J., 2009, Ausgabe 19, S. 28

[5] Janssen, J.-K., Kuhlmann, U. (2009): Leuchtspektakel, in: c't, o.J., 2009, Ausgabe 19, S. 20-23

[6] Janssen, J.-K. (2009): IFA-Umfrage: Welche 3D-Technik ist am beliebtesten, in: c't, o.J., 2009, Ausgabe 22, S. 88

[7] Juran, N. (2009): Bildfänger und Klangriegel, in: c't, o.J., 2009, Ausgabe 19, S. 24-25

[8] Labs, L. (2009): Always on, in: c't, o.J., 2009, Ausgabe 19, S. 30

[9] Lüders, D. (2009): Die Netz-Navis sind da, in: c't, o.J., 2009, Ausgabe 19, S. 32-33

[10] Meyer, C. (2009): Genauer hinsehen, in: c't, o.J., 2009, Ausgabe 19, S. 29

[11] Rüdiger, S. (2009): IFA-Neuheiten: Heimkino, in: SFT, o.J., 2009, Ausgabe 9, S.32-35

[12] Träger, C. (2009): IFA-Neuheiten: Multimedia, in: SFT, o.J., 2009, Ausgabe 9, S. 37-39

[13] Weidhase F (2009): IFA-Neuheiten: Fernseher, in: SFT, o.J., 2009, Ausgabe 9, S. 28-31

[14]   Wölbert, C. (2009): Atomkraft-Alternativen, in: c't, o.J., 2009, Ausgabe 19, S. 27

[15]   Zota, V. (2009): Spaß in der Krise, in: c't, o.J., 2009, Ausgabe 19, S. 18-19

Zeitungsartikel

[16]   Riedl, T. (2009): Angriff im Wohnzimmer, in: Süddeutsche, 65 Jg., 2009, Nr. 206, S. 21

[17]   Schramm, M. (2009): Hausgeräte sind sexy geworden, in: Frankfurter Allgemeine Zeitung, 60. Jg., 2009, Nr. 208, S. T2

[18]   Tunze, W. (2009): Richtungsentscheidung zwischen High-Tech-Glanz und Medien-Glamour, in: Frankfurter Allgemeine Zeitung, 60. Jg., 2009, Nr. 208, S. T1

Internetseiten

[19]   Arbeitsgemeinschaft Fernsehforschung (2009): Entwicklung des Digitalisierungsgrades, URL: http://www.agf.de/daten/zuschauermarkt/digitaltvgrad, Abruf am 06.12.2009

[20]   Big Screen (2009): IFA 2009 - Besucherzuwachs und Ordervolumen auf Rekordniveau, URL: http://www.big-screen.de/deutsch/pages/news/allgemeine-news/2009_09_11_2443_ifa-2009-besucherzuwachs-ordervolumen.php, Abruf am 06.12.2009

[21]   Cisco (2009): Cisco mit neuem Rekord-Marktanteil bei weltweiter Telefonieausrüstung, URL: http://www.cisco.com/web/CH/de/press/releases/20090326_cisco_rekord_markt anteil_telefonieausruestung.html, Abruf am 06.12.2009

[22]   Frankfurter Allgemeine Zeitung (2009): Zwischen High-Tech-Glanz und Medien-Glamour, URL: http://www.faz.net/s/RubB8FA07753828479E80ED123A2FF54ACC/Doc~E4AB 92879767F401A9C0F0B066C04ECB4~ATpl~Ecommon~Scontent.html, Abruf am 06.12.2009

[23]   Financial Times Deutschland (2009): IFA 2009: Energiesparen soll belohnt werden, URL: Http://www.ftd.de/it-medien/:ifa-2009-energiesparen-soll-belohnt-werden/50004575.html, Abruf am 06.12.2009

[24]   Financial Times Deutschland (2009): Fernsehen 3.0 - scharf, schärfer, zum Anfassen, URL http://new.ftd.de/it-medien/medien-internet/:ifa-2009-fernsehen-3-0-scharf-schaerfer-zum-anfassen/50005051.html, Abruf am 06.12.2009

[25]   Financial Times Deutschland (2009): Trübe Aussichten für das scharfe Bild, URL: http://www.ftd.de/it-medien/it-telekommunikation/:hdtv-truebe-aussicht-fuer-das-scharfe-bild/50005057.html, Abruf am 06.12.2009

[26]   Focus (2009): IFA-Eröffnung: Merkel will Breitband für alle, URL: http://www.focus.de/digital/multimedia/ifa-2009/ifa-eroeffnung-merkel-will-breitband-fuer-alle_aid_432549.html, Abruf am 06.12.2009

[27]   GFU (2009): Trends der Consumer Electronics 2009, URL: http://www.gfu.de/go/gfu/_ws/resource/_ts_1249476694072/rO0ABXQAYGR5bj ptbZR1bGVzL3NpdGVzL3dlYnNpdGUvcGFnZXMvaG9tZS9pZmFfYmVybGluL2 lmYVhhdXNnZXJhZXRlMDkvc2lkZWJhci9fcGFnZV9pZF9vX2FkdmFuY2Vkzk 4Nw==/link01/trends-ce-2009.pdf, Abruf am 06.12.2009

[28]   GFU (2009): Trends bei Elektrohausgeräten 2009, URL: http://www.gfu.de/go/gfu/_ws/resource/_ts_1249476694213/rO0ABXQAX2R5bj ptbZR1bGVzL3NpdGVzL3dlYnNpdGUvcGFnZXMvaG9tZS9pZmFfYmVybGluL2 lmYVhhdXNnZXJhZXRlMDkvc2lkZWJhci9fcGFnZV9pZF9vX2FkdmFuY2Vkzk y/link01/trends-hausgeraete-2009.pdf, Abruf am 06.12.2009

[29]   GFU (2009): Rückblick 2009, URL: http://www.gfu.de/go/gfu/home/ifa_berlin/rueckblick2009.xhtml, Abruf am 06.12.2009

[30]   Heise (2009): Ab 2010: Maximal 2 Watt im Standby-Betrieb von Haushaltsgeräten, PCs und Unterhaltungselektronik, URL: http://www.heise.de/newsticker/meldung/Ab-2010-Maximal-2-Watt-im-Standby-Betrieb-von-Haushaltsgeraeten-PCs-und-Unterhaltungselektronik-Update-193547.html, Abruf am 06.12.2009

[31]   Heise (2009): Wie grün ist die LED-Technik?, URL:
        http://www.heise.de/newsticker/Wie-gruen-ist-die-LED-Technik--
        /meldung/144871, Abruf am 06.12.2009

[32]   Inside-Digital (2009): IFA 2009: Das Fazit der Hersteller, URL:
        http://www.inside-digital.de/news/13380.html, Abruf am 06.12.2009

[33]   IT-Business (2009): IFA 2009 meldet vollen Erfolg,. URL: http://www.it-
        business.de/index.cfm?pid=2368&pk=229276, Abruf am 06.12.2009

[34]   Medienhandbuch (2009): IFA 2009 zieht trotz Krise sehr positives Fazit,
        URL: http://www.medienhandbuch.de/news/ifa-2009-zieht-trotz-krise-sehr-
        positives-fazit-28773.html, Abruf am 06.12.2009

[35]   PC-Welt (2009): Nvidia ION - der ideale Partner für Intel Atom, URL:
        http://www.pcwelt.de/start/mobility_handy_pda/notebook/praxis/199723/nvidia_i
        on_der_ideale_partner_fuer_intel_atom/index.html, Abruf am 06.12.2009

[36]   Sony (2009): Bedienungsanleitung XEL-1, URL:
        http://www.sony.de/view/ShowSupportProduct.action?supportProductModelNa
        me=XEL-1&productModelName=XEL-
        1&linkType=manual&isRegistered=false&site=odw_de_DE&pageType=manual
        Popup&sectiontype=Support&externalUrl=http%3A%2F%2Fpdf.crse.com%2Fm
        anuals%2F4123944221.pdf, Abruf am 06.12.2009

[37]   Stromverbraucherinfo (2009): Stromverbrauch von TV Geräten, URL:
        http://www.stromverbrauchinfo.de/stromverbrauch-tv-geraete.php/, Abruf am
        06.12.2009

[38]   Süddeutsche Zeitung (2009): Blick durch die rosarote Brille, URL:
        http://www.sueddeutsche.de/computer/975/486392/text/, Abruf am 06.12.2009

[39]   Süddeutsche Zeitung (2009): Cyber auf dem Sofa, URL:
        http://www.sueddeutsche.de/computer/404/486816/text/, Abruf am 06.12.2009

[40]   Süddeutsche Zeitung (2009): Mein Kühlschrank ist ein Computer, URL:
        http://www.sueddeutsche.de/computer/293/486706/text/, Abruf am 06.12.2009

[41]   Süddeutsche Zeitung (2009): Worldwide Wohnzimmer, URL:
        http://www.sueddeutsche.de/computer/254/486667/text/, Abruf am 06.12.2009

[42]   Telecom Handel (2009): Interview mit Christian Göke, Geschäftsführer der Messe Berlin, JRL: http://www.telecom-handel.de/News/Vermischtes/IFA-Vorschau-Den Fachbesucher-im-Visier/Interview-mit-Christian-Goeke-Geschaeftsfuenrer-der-Messe-Berlin, Abruf am 06.12.2009

[43]   Tom's Hardware DE (2009): [IFA] Auftrags- und Besucherrekord in Berlin, URL: http://www.tomshardware.com/de/IFA-Bilanz-Auftragsrekord,news-243430.html, Abruf am 06.12.2009

[44]   Wikipedia (2009): Consumer Electronics Show, URL: http://de.wikipedia.org/wiki/Consumer_Electronics_Show, Abruf am 06.12.2009

[45]   Wikipedia (2009): HD+, URL: http://de.wikipedia.org/wiki/HD%2B, Abruf am 06.12.2009

[46]   Wikipedia (2009): Internationale Funkausstellung Berlin, URL: http://de.wikipedia.org/wiki/Internationale_Funkausstellung_Berlin, Abruf am 06.12.2009

[47]   Wikipedia (2009): Viiv, URL: http://de.wikipedia.org/wiki/Viiv, Abruf am 06.12.2009

[48]   Wikipedia (2009): WirelessHD, URL: http://de.wikipedia.org/wiki/WirelessHD, Abruf am 06.12.2009

[49]   WinFuture (2009): LG wird aus Plasma-TV-Produktion aussteigen, URL: http://winfuture.de/news-druckansicht.php?id=46727, Abruf am 06.12.2009

Verordnungen

[50]   VERORDNUNG (EG) Nr. 1275/2008 DER KOMMISSION vom 17.12.2008 In: Amtsblatt der EU vom 18.12.2008

www.ingramcontent.com/pod-product-compliance
Lightning Source LLC
Chambersburg PA
CBHW031233050326
40689CB00009B/1589